# A. FAVRE

## LA

# JUSTICE EN FRANCE

## AU XIX<sup>me</sup> SIÈCLE



> Ce siècle est à la barre et je suis son témoin.
>
> V. Hugo.

MARSEILLE

IMPRIMERIE GÉNÉRALE ACHARD ET C<sup>e</sup>

Rue Chevalier-Roze, 3 et 5

1886

# A. FAVRE

## LA
# JUSTICE EN FRANCE

## AU XIX^me SIÈCLE

> Ce siècle est à la barre et je suis son témoin.
>
> **V. Hugo.**

MARSEILLE

IMPRIMERIE GÉNÉRALE ACHARD ET C^ie

Rue Chevalier-Roze, 3 et 5

—

1885

# M<sup>E</sup> LAUGIER, Avocat

*J'ai l'honneur de vous dédier ce petit opuscule, cela vous prouvera que si vous avez égaré et ma pétition et le rapport que m'avait envoyé la questure de la Chambre des Députés, pétition et rapport que je vous avais confiés, cela vous prouvera, dis-je, que j'ai pour habitude de ne rien perdre si ce n'est ce que je gagne et cela pour certaines causes qui, je l'espère, seront suffisamment expliquées dans cet écrit.*

*Je vous salue, Monsieur, comme je vous estime.*

**A. FAVRE.**

Ce 31 août 1885.

# LA JUSTICE EN FRANCE

## AU XIX SIÈCLE

Je n'ai pas la prétention de trouver en France la Justice, autant vaudrait chercher la pierre philosophale ; j'ai la simple intention d'exposer ce que je vois et ce qui se passe pendant que je lutte pour vivre. C'est pourquoi j'ai mis en épigraphe, sur cette brochure, un des vers de notre poète aimé :

> Ce siècle est à la barre et je suis son témoin.

J'adresse cet écrit à la presse indépendante afin qu'elle éclaire l'opinion publique sur les agissements de ceux qui ont pris pour mission de nous rendre la justice.

Depuis 1871, j'ai à mes trousses tous les chats-fourrés et tous les grippeminauds qui composent cette belle institution que l'on nomme LA MAGISTRATURE. Je me suis retourné devant cette meute et j'ai voulu savoir de quels éléments elle était composée et pourquoi elle agissait ainsi. Je suis fixé. Cette fille aînée de l'Eglise, en fille soumise qu'elle est, lutte à outrance contre tous ceux qui suspectent et réprouvent sa digne mère : c'est d'une bonne fille, mais cela n'est pas suffisant pour un peuple qui cherche à s'affranchir de l'étreinte qui l'enserre l'idiotise et l'abétit depuis qu'en l'an 496 l'évêque Rémy a baptisé le premier roi qui, subissant l'influence de sa femme, s'est fait Chrétien.

Lorsque le hasard nous fait naître sur ce beau sol de France, nous sommes dès nos premières années accoutumés à croire que nous faisons partie du premier peuple du monde, c'est-à-dire le plus éclairé et doté des meilleures institutions.

Il nous faut, si nous ne devons pas la vie à des parents privilégiés et appartenant à ces classes accoutumées à vivre du travail de leur semblable, il nous faut, dis-je, vivre comme moi, plus d'un demi siècle, pour acquérir la certitude que, du jour où il nous est donné de pouvoir produire, un bâillon se pose sur notre bouche et des mains se glissent furtivement dans nos poches.

Je vais faire mon possible pour démontrer que la Magistrature confiante dans sa force est peu scrupuleuse sur le choix de ses membres ; libre à la presse indépendante et qui recherche la vérité de faire son profit de ce que j'avance et d'en tirer les déductions nécessaires.

J'expose simplement que depuis 1878, époque à laquelle je fus victime d'une infamie, je n'ai cessé d'adresser aux ministres de la Justice, des requêtes ; à la Chambre des députés, un mémoire avec pièces justificatives, cela sans compter les nombreux voyages que j'ai faits de Marseille à Paris

La Commission nommée par la Chambre, ainsi que son rapporteur m'ont donné raison et ont demandé au Ministre de la Justice une enquête sur les faits dont j'ai été victime afin que Justice me soit rendue. Cette demande d'enquête faite le 11 Mai 1882 attend encore une solution. Pourquoi ? Je le dirai après avoir exposé ma dernière pétition et le rapport du député nommé pour le faire par la susdite Commission.

# PÉTITION

## Adressée à MM. les Députés par A. Farve, négociant à Marseille

Messieurs les Députés,

Le 26 janvier 1880 M. E. Bouchet, député de Marseille, déposait sur le bureau de l'assemblée législative une pétition semblable à celle que j'ai l'honneur de vous soumettre.

Un rapporteur fut nommé ; mais à la fin de la session, n'ayant pas terminé son travail il rendit la pétition à la questure, sans rapport.

En voici la teneur sur laquelle, Messieurs, j'appelle votre attention :

Messieurs les Députés,

Au mois de mai 1879, j'ai eu l'honneur d'adresser, à l'assemblée législative, ainsi qu'à Monsieur le Ministre de la Justice un mémoire par lequel je démontrais que le tribunal de Commerce de Marseille s'était permis, le 15 avril 1878, de me déclarer en état de faillite quoique j'eusse un excédent d'actif et que j'offrisse de désintéresser séance tenante le seul réclamant financier, se déclarant tardivement mon commanditaire. Je démontrais avec pièces à l'appui, dans ce Mémoire, que le Tribunal de commerce de Marseille en agissant ainsi avait trois buts :

1· Celui de satisfaire les rancunes politiques et religieuses de trois financiers et leur permettre de disposer de l'actif au détriment de mes créanciers qui, pleins de confiance en moi, n'avaient pas jugé à propos de se présenter ;

2· De me priver de mes droits civils, parce que, paraît-il, je suis un homme politique dangereux.

3· Pour suspendre les poursuites que j'exerçais contre un magistrat qui, avant d'obtenir cette dignité, était venu à Marseille négocier un effet qu'il savait sans valeur, et cela, pour passer joyeuse vie en compagnie du sieur Reboul son collègue, ex-avocat, qui a finalement été condamné le 1er août 1878 à 4 mois de prison par le tribunal correctionnel d'Aix.

Ayant refusé le concordat que l'on m'a offert le 5 août 1878 parce que je ne voulais pas sanctionner ce que je considérais comme une infamie, puisqu'il y avait toujours excédent d'actif, il en résulte que le syndic, digne associé dans cette scandaleuse affaire ne peut rien clôturer.

Depuis quatre ans, je suis anihilé, flétri publiquement et ne peux rien contracter.

Pour m'intimider et m'amener à conciliation on a vendu aux enchères publiques la propriété que je possédais à Voiron ; elle s'est vendue le tiers de sa valeur et avec cette somme on s'est empressé de rembourser un de ceux qui se sont déclarés trop tardivement mes commanditaires. Il est démontré par l'acte non enregistré que ces gens ne faisaient que de l'usure déguisée et qu'en essayant de s'emparer de l'actif dont une partie revient aux créanciers, ils commettaient une escroquerie. Il est regrettable que des juges consulaires se soient associés à pareille action.

L'excédent d'actif étant à la caisse des dépôts et consignations, j'ai depuis quatre ans refusé de payer l'impôt et me suis opposé à la saisie de mes effets mobiliers, comme je m'y opposerai jusqu'à ce que j'aie recouvré mes droits, les armes à la main.

Je me demande et viens vous demander, Messieurs, s'il est permis de se jouer ainsi d'un citoyen qui, pendant vingt-huit ans a payé l'impôt et exercé ses droits et ses devoirs : Lorsque les droits d'un seul sont méconnus de la sorte, ceux de tous sont compromis.

Je vous prie, Messieurs les Députés, d'insister auprès de Monsieur le Ministre de la justice afin qu'une enquête soit faite sévèrement et qu'il soit mis un terme à la situation que je subis depuis quatre années.

Je tiens à la disposition de Messieurs les membres de la Commission des pétitions les Mémoires et requêtes que j'ai publiés en 1880 ainsi que les lettres imprimées adressées aux juges du tribunal de Commerce de Marseille lesquels ont été publiés et déposés.

Confiant dans votre désir d'obtenir que la justice existe enfin dans notre malheureux pays, je vous prie d'agréer, Messieurs les Députés, mes sentiments de haute considération.

## A. FAVRE.

**1, rue Bel Air,**

Marseille, le 16 Mars 1882.


P.-S. — La lettre qui me fut adressée le 30 juin 1879 par la questure de Versailles prouve que j'avais adressé et qu'il fut distribué 600 Mémoires imprimés conformes à ceux que je tiens à la disposition de la nouvelle assemblée.

# PÉTITIONS

**Sur lesquelles les Commissions proposent des résolutions spéciales (art. 65 et suivants du Règlement).**

### Cinquième Commission.

**M. GUILLOT** (Isère), *rapporteur*

**Pétition n° 387** (Déposée par M. BOUCHET, député des Bouches-du-Rhône.)

« Le sieur A. FAVRE, ex-conseiller municipal de la ville de Voiron (Isère), représentant de commerce à Marseille, sollicite l'intervention de la Chambre auprès du Ministre de la Justice contre des actes arbitraires dont il aurait été victime.

**Motifs de la Commission.** — Les faits graves sur lesquels le sieur Favre appelle l'attention de la Chambre nécessitent un examen assez détaillé : la date déjà éloignée à laquelle ils se sont passés, les circonstances qui les accompagnent et qui les expliquent ont été exposées avec précision et documents justificatifs dans un mémoire que M. Favre fit tenir à tous le mois de mai 1879.

La pétition que M. Favre avait adressée pendant la précédente législature était sur le point d'être rapportée lorsque la Chambre arriva à la fin de son mandat.

M. Favre a donc été obligé de saisir à nouveau la Chambre actuelle de sa réclamation.

Il résulte de l'examen attentif des documents que M. Favre nous a communiqués que les passions religieuses et politiques ont joué un regrettable rôle dans les faits qui ont amené le tribunal de Commerce de Marseille à déclarer contre toute équité la faillite de M. Favre.

Après que des commanditaires associés, réclamant à M. Favre des sommes non exigibles, lui consentent un traité amiable, et que ce contrat a reçu plus qu'un commencement d'exécution, alors que M. Favre va jusqu'à consentir à un jugement qui ordonne la liquidation judiciaire de sa situation, nous voyons ces commanditaires, réclamer la faillite de M. Favre ; à ce moment M. Favre avait relevé ses affaires, et son actif, ainsi qu'il le justifiait à l'audience, était de 5.544 francs, sans compter les marchandises, alors que le passif réclamé n'était que de 4.377 francs.

Malgré les protestations de M. Favre, la faillite fut déclarée.

Le lendemain on offrait à M. Favre son concordat ; M. Favre, qui considère qu'il a été mis en faillite contre toute justice, a refusé son concordat.

Le syndic, après avoir liquidé la situation de M. Favre et avoir désintéressé les poursuivants, s'est en effet trouvé en présence d'un excédent d'actif que M. Favre s'est refusé à recevoir et qui a été consigné.

Depuis ce moment, M. Favre n'a cessé, par tous les moyens en son pouvoir, de chercher à obtenir justice ; articles pour journaux, brochures, dans lesquels il a signalé cet épouvantable abus dont il a été victime, sont restés sans réponse comme sans poursuite ; il y a mieux, il s'est refusé à payer l'impôt, et, devant cette situation, l'administration n'a pas insisté.

Il y a en effet quelque chose de douloureux au plus haut point pour un honnête homme, pour un citoyen qui, comme M. Favre, a donné de si nombreux gages de son dévouement à la chose publique, de se voir injustement frappé, flétri, privé de ses droits de citoyen, par suite d'une machination où la passion politique et religieuse a tenu une large place.

M. Favre demande à M. le Ministre de la Justice de faire procéder à une enquête judiciaire sur les faits dont il a été victime, et, s'ils sont démontrés, de faire rapporter ce jugement qui met en état de faillite un citoyen dont l'actif est supérieur au passif.

Ces faits viennent démontrer l'urgence, reconnue par tous, de modifier les lois qui règlent la faillite ; nous croyons qu'ils influeront d'une manière salutaire sur l'esprit du législateur.

Nous vous proposons donc de décider que la pétition de M. Favre sera renvoyée à M. le Ministre de la Justice, en lui demandant instamment d'y donner, dans la mesure de la loi, toutes les suites qu'elle comporte. (*Renvoi au Ministre de la Justice*). L. GUILLOT, rapporteur.

Si l'enquête se faisait, il serait d'abord démontré que le Tribunal de commerce de Marseille favorise l'usure et l'escroquerie ; il serait démontré que ce tribunal n'hésite pas à frapper un homme contre tous les droits et cela pour satisfaire les rancunes de gens riches.

Il serait démontré qu'il m'a frappé lorsque j'avais un excédent d'actif et que j'offrais de désintéresser séance tenante le seul usurier qui avait tout intérêt à me voir flétrir et à s'emparer d'un actif qui ne lui appartenait pas.

Mais ce qui arrête M. le Ministre de la Justice c'est une autre raison bien plus grave, c'est qu'il serait démontré ce que je prouve dans mon mémoire adressé à la chambre des députés. A savoir : Que le 20 Mars 1877, j'avais déposé une plainte au parquet de Marseille contre le sieur Reboul, ex-avocat, lequel pratiquait l'escroquerie sur une vaste échelle et contre le sieur Albert Bedarrides, ex-substitut, aujourd'hui *Procureur de la République à Pondichéry.*

En février 1878, ayant accepté une liquidation judiciaire, cela parce qu'on m'avait extorqué ma signature, je reçus l'offre de fr. 400 en échange d'un billet de fr. 1000 à l'ordre du sieur Albert Bedarrides, billet qu'il s'était fait fabriquer par des chevaliers d'industrie et que je lui avais négocié, lequel billet ne fut jamais payé, cela va sans dire. Je répondis à M⁰ Blanchard, *bâtonnier de l'ordre des avocats*, qui me faisait l'offre, la lettre suivante :

Marseille, 6 Mars 1878.

MONSIEUR,

« Depuis quinze jours environ, M⁰ Mossé, avocat, m'a
« réclamé en votre nom une quittance de fr. 400 pour la
« garantie Bedarrides. J'avais chargé M. Chauvet (1) de
« vous faire une réponse, il l'a oublié.

« Ma position actuelle ne me permet pas de donner
« quittance ; cette situation, ce sont vos clients qui me
« l'ont faite ; je vous remercie, Monsieur, des formes polies
« que vous avez employées à mon adresse, mais je ne
« peux ni ne veux donner quittance à M. Bedarrides, pas
« plus qu'à M. Reboul.

« Recevez, etc., etc.

A. FAVRE.

---

(1) Ce Chauvet est celui qui m'avait extorqué ma signature en me disant qu'une liquidation judiciaire pouvait seule éviter la faillite.

Dès ce moment j'étais perdu. Il fallait à tout prix me déclarer en faillite pour :

1° Me priver de mes droits civils.

2° Permettre aux commanditaires d'empocher l'actif immobilisé, cela au détriment des créanciers qui ayant déjà touché 30 0[0 n'oseraient pas se présenter et feraient abandon du reste.

3° Sauver l'avocat Reboul et le futur procureur de la République Albert Bedarrides, lequel avait déjà commis un fait à Amiens qui l'avait obligé de démissionner étant substitut.

Je fus donc le 15 avril déclaré en faillite

Le 5 Mai 1878 ALBERT BEDARRIDES était nommé PROCUREUR DE LA RÉPUBLIQUE A PONDICHÉRY.

Le 5 août de la même année, l'ex-avocat Reboul, que je ne lâchais pas, fut condamné à quatre mois de prison. Pendant le procès Reboul, le parquet de Marseille me demanda le billet de fr. 1000 à l'ordre de Bedarrides, je le remis à M. de Rossi, juge d'instruction ; mais comme je ne voulais pas que cette pièce s'égarât, lorsque Reboul fut condamné à Aix, j'écrivis à M. le Procureur général de cette ville pour lui réclamer cet effet qui n'avait pour toute valeur que de prouver l'escroquerie dont j'avais été victime de la part du sieur Albert Bedarrides, fils du sieur Bedarrides, président de Chambre à la Cour de Cassation ; Je me demande ce que l'on peut bien CASSER dans cette cour, puisque les décisions judiciaires de quelques jésuites de robe courte, triés comme beaux pois sur le volet, restent immuables ; c'est assurément le plus bel ornement de cette institution qui s'effondre.

Le commissaire de police de mon quartier me fit appeler le 9 Septembre 1878 et me donna communication de la pièce suivante :

Aix, 16 août 1878.

« Monsieur le Procureur de la République,

« Le sieur Favre, demeurant à Marseille, rue Sénac, 65 A, « m'a réclamé un billet à ordre et diverses lettres qui lui « avaient été adressées par le nommé Reboul, condamné « récemment par la Cour, sous prévention d'escroquerie.

« Je vous prie de faire connaître au sieur Favre, « qu'ayant été déclaré en état de faillite, il n'a plus qua- « lité pour obtenir la remise des pièces qu'il sollicite.

« Recevez , Monsier le Procureur de la République, « l'hommage de ma considération distinguée.

« Le Procureur général,<br>
CLÉMENT SIMON. »

Je m'empressai de répondre à cet intéressant magistrat la lettre suivante :

*Marseille, 10 septembre 1878,*

« Monsieur le Procureur général, à Aix,

« Au retour d'un voyage que j'ai dû faire, les gens de la
« police m'ont communiqué la réponse que vous aviez
« adressée le 17 août dernier, à Monsieur le Procureur de
« la République, à Marseille, concernant la réclamation
« que j'avais eu l'honneur de vous faire, le 8 du même
« mois, des lettres et du billet que j'avais déposés au
« Parquet de Marseille.

« En admettant que je sois en état de faillite, ce que je
« n'admets pas puisque je vais publier une protestation.

« En admettant que je n'aie pas obtenu de concordat, ce
« que j'admets fort bien puisque je l'ai refusé quand on
« me l'a offert le 5 août dernier, nul autre que moi n'a
« qualité pour retirer du Parquet les pièces que je lui ai
« confiées.

« Votre réponse étant un accusé de détention, elle me
« suffit. Quant à la valeur de 1000 francs elle n'en a pas
« plus aujourd'hui qu'avant son échéance et comme j'ai
« eu soin de la photographier avant de la remettre au juge
« d'instruction, de Rossi, la copie vaut pour moi l'original.

« L'essentiel, c'est que le public sache un jour dans quel
« milieu le Ministère de la Justice choisit ses procureurs
« en 1878, dût-il les envoyer à Pondichéry.

« Recevez, Monsieur le Procureur, l'hommage de ma
« considération distinguée.

« A. Favre.

Le jour est venu et puisque le silence s'est fait sur toutes les affaires ignobles dont mon mémoire adressé à la Chambre, fourmille avec pièces à l'appui, qu'il me soit permis de dire que la Justice de 1532, époque à laquelle la dépeignait Rabelais, ressemblait tellement à celle que nous avons aujourd'hui qu'il me semble que je vis à l'époque de la Renaissance.

La forêt de Bondy a peut-être plus d'étendue ; voici toute la différence.

C'est quand j'ai fait mon possible pour provoquer des poursuites que la meute des gens à robe m'a laissé tranquille. Pourquoi ? Parce qu'il faudrait me traduire devant la Cour d'Assises, par conséquent devant le Jury. Parce qu'on sait que mes cartons sont bondés de documents qui ne demandent qu'à voir le jour.

Ce qu'il y a de très curieux à voir c'est le rôle que jouent certains avocats dans ces grotesques pasquinades dans lesquelles les pitres disputent le succès au laquais.

Le mien, M⁰ Mossé, qui fit semblant d'être dupe et qui n'était que complice fut nommé conseiller de Préfecture et aujourd'hui il est sous-préfet de Grasse.

Un autre avocat qui s'appliquait fr. 700 quand on lui en donnait 1500 à encaisser sans plaidoyer aucun (*voir mon Mémoire adressé aux députés*), a été nommé Juge suppléant dans la province d'Alger.

C'est ainsi que se passent les choses au XIX^me siècle dans cette « France la très christiane, unique nourrice de la cour Romaine » (Rabelais, Livre IV, Ch. LIII).

Lors de l'apparition de mon mémoire, adressé à MM. les députés en 1879 et mis en vente chez tous les libraires de Marseille, je publiais en même temps deux lettres adressées au Tribunal de Commerce de Marseille, lettres qui non-seulement furent rendues publiques, mais déposées par 50 exemplaires dans la salle des délibérations de cet aéropage, que j'ai qualifié suffisamment dans mes pétitions. Tout ce monde si bruyant d'ordinaire garda un silence éloquent (genre Conrart).

Et chacun de me dire : Mais vous avez une rare audace, si chacun en faisait autant nous ne serions pas chaque jour victimés par cette bande à la tête de laquelle trône un fabricant de Vermouth, Cassis, Absinthe et autres précurseurs de la civilisation Française, lorsque la France fait de la politique coloniale. Ce podagre, Bonapartiste fervent, assiste régulièrement à la Messe anniversaire dite à la mémoire du bandit qui inaugura son règne le 2 décembre 1851 et disait en 1870 (22 mai) que nos codes *sont des monuments*.

Aux gens qui avaient l'air surpris de mon audace, je leur disais avec Tallement des Reaux au XVII^me siècle : « Le peuple n'encense que ceux qui le mangent ». Et j'ajoutai ce qu'Editue disait aux visiteurs de l'Ile sonnante en les congédiant : « Amis, vous noterez que par le monde ha « beaucoup plus de couillons que d'hommes, et de ce vous soubvienne. » (Rabelais, livre V, chapitre VIII). (1)

Ayant refusé de payer l'impôt il en est résulté qu'on a envoyé chez moi les huissiers à qui j'ai répondu que partant de ce principe ! PAS DE DROITS, PAS DE DEVOIRS, non seulement je ne payais pas le fisc; mais je leur

---

(1) MIRÈS, financier de notre époque disait : « La couche de la « bêtise humaine est si profonde que ni le prêtre ni le financier n'en « sonderont les profondeurs. »

ajoutai gentiment, en leur montrant un petit arsenal comme on doit en avoir dans toute forêt de Bondy qu'il n'y avait qu'une chose à saisir chez moi ; ils comprirent. Les chicanous de nos jours ne vivent plus de coups de bâton, parce que ces derniers ne rapportent plus comme au temps des seigneurs féodaux : ces braves Huissiers saisirent la porte et firent bien :

C'était la seule chose à saisir sans danger.

Depuis cette époque on me laisse en paix, cela prouve que si j'avais concordé avec les gens qui m'offraient un concordat, non seulement ils auraient pillé ce qui est aux dépôts et consignations : mais Jean comme devant, j'aurais été obligé chaque année de payer pour entretenir les pressoirs « *l'ordinaire* et à *l'extraordinaire* de M. Gagnebeaucoup qui siège dans l'Ile des Apdeftes peuplée de gens à longs doigts et mains crochues » (*Rabelais, Livre V, Chap. XVI*).

Mon argent aurait servi à entretenir ce bel état de choses dans lequel on voit des avocats transformés en comte spadassin et en capitaine Merdaille allant conquester de par le monde ou plutôt y envoyant les autres ; puis au retour de l'équipée, tous ces Riflandouilles, ces Tailleboudins, ces Touquedillons s'en vont voir si la fenaison est rentrée sèche dans leurs domaines.

Parfaitement décidé à ne rien payer tant que je n'aurai pas obtenu justice, je m'adresse à LA PRESSE, cette souveraine puissance qui fait la lumière sur les choses obscures, je lui soumets mon cas et dis aux hommes (indépendants) je souligne *indépendants* :

Quelle différence y a t-il entre la justice de nos jours et celle du VXI^me siècle, époque à laquelle Rabelais nous montrait Bridoye, lequel sentenciait les procès au sort des dez et disant « qu'il n'est exercice tel ne plus aromatisant en ce « monde palatin, que vider sacs, feuilleter papiers, quoter « cahiers, emplir paniers et visiter procès. » Le même considérait que le temps « mûrit toutes choses. » (*Rabelais, Chapitre VL, livre III.*)

Les chats fourrés de nos jours vivent de corruption comme ceux du XVI^me siècle et nous avons vu ces jours derniers ce même tribunal de Commerce de Marseille refuser de déclarer en faillite plusieurs personnages trop haut placés pour mériter d'être autant abaissés.

Il s'agit d'être bien avec le pape qui, lui, est *infaillible* ; nous sommes toujours dans l'île des Papihsanes : soyez riches et puissants tout est là !

> Pauvre on l'aurait frappé d'un arrêt légitime ;
> Il est puissant, les lois ont ignoré son crime.

« En 1532, Le siège de Grippeminaud et de tous ses colla-
« teraux chats Garenniers estoit d'un long ratelier tout
« neuf au dessus duquel par forme de revers, installées
« étaient mangeoires fort amples et belles, selon l'avertis-
« sement du gueux.

« A l'endroit du siège principal estoit l'image d'une
« vieille femme, tenant en main dextre un ferreau de faul-
« cille, en senestre une balance et portant bésicles au nez.
« Les coupes de la balance estoient de deux gibessières
« veloutées, l'une pleine de billon et pendante, l'autre
« vide, et long élevée au dessus du trébuchet. » (*Rabelais,
Ch. XI, livre V.*)

Pour qui comprend cette allégorie, il est clair que
depuis quatre siècles la Justice qui nous est rendue est
toujours la même et que la corruption la plus effrénée y
préside.

La Justice rendue par le dernier des Cadis africains —
et je parle avec connaissance de cause — est autrement
équitable que celle rendue par ces laquais dont la robe
n'est que la livrée des Jésuites ; par ces pîtres qui désho-
noreraient les trétaux de Bobêche et dont la peau devrait
être enlevée et clouée sur leurs sièges, ainsi que cela se
faisait sous Cambyse ; leurs successeurs seraient fixés sur
le sort réservé aux juges qui se confectionnent des cons-
ciences élastiques.

Quand un peuple en est arrivé à subir de semblables
ignominies, lorsqu'il atteint ce degré de servilité et
d'abaissement, ou il est à la veille de devenir la proie
d'une puissance supérieure par son savoir et sa droiture,
ou il prépare une épouvantable révolution qui lui per-
mettra de retrouver la virilité de la jeunesse en sortant
des bras de la mort.

Je me demande quand on balayera les ordures qui en-
combrent et peuplent ce temple de *Thémis* et je crains
fort que si un jour nous voyons la JUSTICE et le DROIT
faire leur apparition en France, je crains fort, dis-je, que
les juges ne nous viennent de Berlin.

A. FAVRE.

*Marseille, 31 Août 1885.*

Marseille. — Imp. Générale Achard et Cie, rue Chevalier-Roze. 8 et 5.

9 782019 958879